ΑΊΛΟΥΡΟΣ

Мария Галина

Письма водяных девочек

AILUROS PUBLISHING
NEW YORK
2012

Maria Galina
Mermaids' Letters

Ailuros Publishing
New York
USA

Подписано в печать 26 октября 2012 г.

Художник обложки — Ирина Глебова.
Обработка рисунков и предпечатная подготовка обложки: Анаит Григорян.
Фотопортрет Марии Галиной: Марина Свинина.
Вёрстка: Елена Сунцова.

Прочитать и купить книги издательства «Айлурос» можно на его официальном сайте:
www.elenasuntsova.com

ISBN 978-1-938781-03-2

Предметы и явления

*

Эту слизь нашли на младшем брате,
Она залепила ему глаза и уши,
С тех пор он ведет себя не так, как раньше:
Прорицает конец света, не узнает маму.
Конец света и правда не за горами:
По ночам восходит второе солнце,
Но, несмотря на природные катаклизмы,
Люди исключительно вежливы друг с другом.
Маму и правда узнать трудно,
У нее отросли рога и хвостик,
Но мы ее всё равно любим,
Потому что главное — это сердце.
Когда нам придется оставить эти
Бедные дома и уйти отсюда,
Нам нетрудно будет это сделать,
всё, что мы видим здесь, так изменилось.
Это уже, в сущности, не наша родина,
Наша родина где-то в другом месте,
За этими болотами, клубящимися туманом,
За этими лесами, по вечерам разговаривающими с нами
Такими удивленными голосами...

*

Ходит он во фраке, в котелке,
с тросточкой в руке,
но не по земле, а по реке
где-то между бакеном и плесом.
там его видали с катерка,
а еще — вблизи — два рыбака
впрочем, с этих что возьмешь, пока
их не протрезвили для допроса...

В лавку керосин не подвезли,
саранча снимается с земли,
спичек нет и соли,
но старухи, стоя за мукой,
спорят исключительно на кой
ходит он холодною рекой,
в круглой шляпе, с палочкой такой, —
шамашедший, что ли...

В небе среди бела дня видна
в трещинах багровая луна,
третий день на трассе тишина,
зарево встает за дальним лесом,
мыла не достать и папирос,
но людей всё мучает вопрос,
почему он посещает нас,
перед ледоставом, в эту стынь,
по воде, как посуху, прикинь,
где-то между бакеном и плесом.

*

Север есть везде, даже на крайнем юге,
над полярной шапкой — кольцо зеленого света,
обозначающее края временно́й воронки,
куда еще не ступил ни один отважный.
лишь космонавты, свешиваясь с орбиты
различают нечеловечески острым зреньем
все игрушки, маленькие предметы,
все оловянные, деревянные самолеты,
в синей обложке книжку «Два капитана».

улыбается бабушка,
Генриетта
машет рукой (очки опять потеряла).

ширится кольцо холодного света,
постепенно поглощая всё остальное —
города с рассыпающимися огнями,
культтовары, райздравы, потребсоюзы.

Север — место, где всё сохраняется вечно,
все консервы добросовестных экспедиций,
все тетради Амундсена и Пири.

все собаки, убитые для науки,
как живые встали, машут хвостами,
вот, впряглись в постромки и по торосам
тянут нарты, торопятся к горизонту.
в синем море кит играет голубобокий,
мамонтенок Дима трубит, задирая хобот
к светлому небу.

если долго глядеть с орбиты в эту воронку,
начинаешь видеть всё в настоящем свете,
видишь Север везде, даже на крайнем юге,
даже дома, по возвращении, окруженный
теплыми, улыбающимися, живыми.

это место, куда ушли все грозные чукчи
                            с окровавленными ножами,
пухлые иннуиты,
печальные бармаглоты.

*

Иногда кажется, что над головой очень быстро проходит облако света,
так, что вдруг становится видно во все стороны света
словно бы всё заливает проницающее излучение, так что почва
делается прозрачной,
и вся земляная толща
тоже делается прозрачной:
черноземные ее покровы,
трудолюбивые ее микробы,
ископаемые ее фибулы и монеты —
всё такое четкое, осязаемое и в то же время как бы не совсем реальное,
не предметы, а, скорее, идеи предметов,
пересечение сияющих плоскостей,
трава, пульсирующая мириадами растительных клеток,
жемчужные створки сердцевидок и сердцеедок,
наконечники стрел, парча погребальных лодок,
столько самоцветных камней, друз горного хрусталя,
светящихся дивных кладов,
невероятных находок,
так что не сразу различает глаз
вереницы тихих, почти незаметных теней,
строящихся, дышащих в затылок друг другу,
бесконечные, за горизонтом исчезающие шеренги...
это в срочном порядке
перебрасывают в лагеря для военнопленных
тех, кто
не слушался маму,
не мыл перед едой руки,
не уступал старшим место в троллейбусе и метро,
не читал протоколы съезда,
не помнил наизусть имена и фамилии членов политбюро,
не аплодировал стоя,
не говорил правду в лицо сильным мира сего,
не удержал оборону,
не отваживался,
не прелюбодействовал,
не убивал...

Два рождественских стихотворения

1.

внутри себя
обрушиваясь в заснеженные города
за руку переводя самого себя через мост
за которым ничего нет
где ни одна сволочь не подойдет
к плачущему в темноте
не обнимет не скажет ты не один
подыши мне пожалуйста здесь и здесь
оттого и
он постепенно забывает человеческую речь,
языческие языки
приходится ему погружаться в придонные донные слои
в светящую слизь маленьких существ
новогодних цепных гирлянд отрастивших глаза и рты
ты плывешь у дна
ты говоришь вот я, твоя, совершенно одна
плачем отворяющая врата
замыкающиеся в темноте

но в конце концов подходит к тебе не та
не те...

2.

ты/я/он не плачь в темноте
над холодной землей летя
беззащитны как эти/те
каждый будет как бы дитя
черно-белой мучной зимой
с огоньками в складке одной

стеклянистый древесный лес
с неба сыплется порошок
хоть еловый а всё же крест
выпьем что ли на посошок
вышло времени нам в обрез
это очень нехорошо

черноватый стеклянный лес
раскрошившийся бурый лист
хромоногий седой лис
мокрый глаз и холодный нос

ты/я плачет и видит сны
запеленатый в темноту
руки-ноги лежат тесны
высыхает язык во рту
но однажды приснится сон
что выпрастывается из пелен.

кто подаст хоть какой знак
тот и станет ему мать
вот лежит он спеленат/наг
вот устал он кричать/звать
выходя из пелен/тел
разевая кружок рта

но приходят всегда не те,
не та.

*

Гиваргизов с женой преодолевают перевал,
Оказывается в долине, где еще никто никогда не бывал,
По крайней мере, из пришлых. Негде стать на постой,
Окна в сельпо заколочены досками, косым крестом,
Старухи прячутся по домам. Запирают дверь.
Никто не хочет продать путешественникам хлеб, овечий сыр,
К вечеру пастухи возвращаются с гор,
Окружают, трогают вещи, заводят вежливый разговор,
Говорят, какая красивая палатка, коврик какой, ай!
Слушай, продай палатку, коврик тоже продай,
Отдай, подари,
Всё равно ведь не доживешь до зари,
Говорят, видишь вон того с ружьем?
Это мой кум, ночью найдем, отберем, убьем,
Гиваргизов с женой уходят, ночуют в холмах,
Видят, как мимо всадники скачут впотьмах,
Но их не находят...
Впереди перевал Ухтыж, позади перевал Ызгрыз,
В бледном утреннем небе ястреба крест повис,
Рассвет скользит, разглаживая фиолетовый шелк долин,
По правую руку — Тибет, по левую — Северный океан,
Воздух не населен.
Нет никого в воде и пуста земля
Древних богов здесь больше не кормят, не веселят,
Древние боги спрятались в толще скал,
Ибо нет никого, кто бы их ласкал.
Но иногда, ни с того ни с сего Гиваргизов с женой
Чувствуют — кто-то стоит у них за спиной,
В совершенно пустых местах.
Когда человеческий род покинет эти края,
Кто придет им на смену? Разумные муравьи,
Крысы с ловкими пальцами? Думающие сурки?
Их мелкие боги, тотемные предки, мудрые старики...
Кто-то невидимый наблюдает из-под руки,
Как Гиваргизов с женой ставят палатку у темной реки,
Разводят костер, раскладывают спальники, рюкзаки,
Солнце в зените. Пятна белого света
В темно-синее небо отбрасывают ледники.

*

Вот мы с тобой стоим на реке Янцзы
Темный тягучий ил на дне у реки Янцзы
Золотая пыль на волне у реки Янцзы
Вежливый свет
Хорошо стоять просто так на реке Янцзы
Ничего не делать, просто стоять на реке Янцзы
Журавли кланяются друг другу у вод Янцзы
Красные рыбы стоят в тростниках Янцзы
Лотосы цветут на реке Янцзы
На руке Янцзы
Изумруды гибкие золотые кольца живой металл
Там вдалеке
Реки сковал лед
Там птичий, свиной грипп
Солнце увидишь раз в год
С неба страшный упал
Астероид
Новый Тунгусский метеорит
И последнее дерево выкопавшись из земли
Всё бежит за последним поездом, всё машет ему рукой…
А мы с тобой стоим на светлой реке Янцзы
Растворяющейся в синеве синей реке Янцзы
И наблюдаем, как буйвол пьет из реки Янцзы
Небесное молоко.

*

Я пью за Марио Пьюзо
Железо его и пузо
В малиновом пиджаке
За мясо его и просо
За недюжинный пистолет,
За огненные колеса
Майбахов и тойот.
Когда ты, Марио Пьюзо,
С друзьями сидишь за столом,
Сидит золотая заноза
В малиновом сердце твоем,
Распускается черная роза...
Цыганская скрипка играет
Волосяной струны,
И больше не умирают
Правильные пацаны,
И пьет за них Марио Пьюзо
Текилу, граппу и уззо.
И Марио Пьюзо плачет
И чокается в слезах
За их картье и версаче,
За их небесный спортзал,
Закат за его спиною
А более никого.
Струною волосяною
Одето горло его.

Нечто вроде верлибров

Старый битник

Он брыласт и горнист
Высшая точка его странствия
Маленькая желтая субмарина

*

нужно только потерпеть и вести себя хорошо
и через какое-то время
Всё наладится само собой,
это временное такое состояние,
что-то вроде затяжной болезни,
которая вылечивается, если
правильно питаться
делать зарядку,
пить витамины,
вести себе хорошо,
и через несколько лет правильного режима
всё станет, как прежде:
упругая кожа,
прочные кости,
зрение единица,
будущее.
ведь не может быть, чтобы
мир был устроен
настолько несправедливо,
учитывая, что я почти всё время
вела себя хорошо,
правильно питалась,
училась на «хорошо» и «отлично»,
не злоупотребляла алкоголем,
пила витамины,
никому не делала плохо.
Я думаю, это пройдет
Ведь не может быть, чтобы
чтобы эта болезнь была неизлечима,
смертельна.

Сотворение мира

Давай с тобой нарисуем два кружка
— это будут два глаза.
к ним пририсуем ресницы.
брови выведем правильными дугами,
нос (только, пожалуйста, не надо
срисовывать с моего! —
найдем образец получше),
рот, овал лица, нарастим волосы сверху,
всё остальное — по вкусу,
то есть, руки и ноги,
и всякие мелкие детали.
внутри нарисуем желудок,
кишечник уложим петлею,
селезенку добавим к почкам,
легкие, четырехкамерное сердце
с артериальным клапаном и аортой.
где надо, прорежем дырочки,
к пальцам прилепим ногти,
вставим трахею в глотку,
отрежем хвостик…
здравствуйте! получилось!
поглядите, каков красавец!
вот, человек идет по земле,
счастливый до безумия…

Странник

Однажды, когда он спал под сосной
В ухо ему заполз муравей.
С тех пор он слышит только шум ветра.

Препарируя Брема

Необходимые пояснения. Несколько лет назад я для одного издательства комментировала трехтомник Брема с учетом последних достижений зоологии и этологии. Выяснилось, что старик устарел в плане систематики и допускал типичные для своего века ошибки, говоря о поведении тех или иных животных, однако у его текста есть волшебное свойство: некоторые фрагменты (разумеется, в переводе) организованы ритмически. Часть этих фрагментов в произвольном порядке и представлена в данном цикле.

Болотная камышевка
В отличие от большой
Гнезда над водой не строит

Питается горихвостка
Исключительно насекомыми
И приносит большую пользу

Гнезда их разоряются
Совами и сычами
Иногда — крысами и мышами

Во́рона даже можно
Приучить вылетать из дома
И возвращаться обратно
Но давать ему большую свободу опасно
Он убивает домашних животных

Птенцов родители
Выкармливают очень заботливо
Насекомыми, улитками и червями

Науманн слышал
Как одна кукша
Удивительно верно
Подражала ржанию жеребенка

Брат Науманна
Застал однажды
Кукшу
За душением самки
Певчего дрозда,
Матери многочисленного семейства

По своим привычкам
И образу жизни
Это в высшей степени
Приятная птица

Живут мейны в гористых
Заросших лесом
Областях Южной Индии и Цейлона

Песня его простая
Хоть и не без приятностей
Она состоит из одной
Унылой, короткой строфы

Нередки случаи
Когда акула
Выпускает из пасти
Проглоченных ею людей

Город, река

1.

Там, где трамвай сворачивает на круг
Есть секретное место, тоннель под пологой горой,
Тот, кто туда заберется, увидит веселый юг,
Пальмы и море, и это не будет игрой,
Что бы там ни твердили взрослые. Взрослые врут.
Говорят, что эдак можно и вовсе исчезнуть с лица земли.
Борька и Вовка с Артема лазили тут,
Их искали специальные люди с собаками, но не нашли.
На самом деле сейчас Вовка и Борька лежат на песке
Смотрят, как чайки пикируют с высоты,
У каждого по бокалу в горячей руке,
Рядом с каждым женщина ослепительной красоты.
Они и сами взрослые — тот, кто попадает сюда
Сразу становится взрослым, но живет тысячу лет,
Слышны голоса загорелых друзей, подруг…
Остроносую лодку раскачивает вода,
За лодкой тянется расходящийся пенный след.
На той стороне трамвай звенит, заходя на круг,
Мяукает кошка. Старуха в пуховом платке,
Что-то шепча, смотрит, как на реке
Скрежеща, трескается лед.

2.

В детстве как-то приснилось
Что сидят на городских крышах
Вместо башенок-слуховых окошек
Огромные пряничные совы
Почти совсем неживые
Лупают глазами
Головами вращают
Практически одновременно
Поднимают-опускают крылья
По идее
Этот сон должен что-то значить
Предвещать эдакое что-то,
Но ничего не случилось
Вообще ничего не случилось
С тех самых пор...

3.

Окно открыто ночью в расточительный сад
А утром в ограниченный двор
По вечерам здесь бывает зеленый салют
А днем не бывает ничего.
Поскольку днем мы погружаемся на самое дно,
Куда нет ходу, потому что одно
Речное переливчатое немое кино
Реликтовое слепое пятно…
Гори за сомкнутыми веками, волшебный фонарь,
Вращая шпульки света в темной воде.
Ужи, шестидесятники и прочая божья тварь
Теперь уже везде и нигде.
Теперь, смеясь, вы скатываетесь наперегонки
С крутого склона облачной горы
Лисята, окуджавы, водяные жуки,
Высоцкие, бродские, бобры…

4.

Говорят, что в глухие безлунные ночи
Не доезжая кафе «Любава»
На обочине трассы
Стоит никакая не проститутка
Не дальнобойщица-плечевая,
А приличная девушка в белом платье,
Выбегает на трассу, машет руками,
Бросается наперерез машинам,
Просит довезти до ближайшего поворота.
У поворота спрыгивает с подножки,
Торопливо уходит, белое платье
Слишком быстро гаснет в зеркальце заднего вида.
Там, за поворотом, никакого жилья нету,
Только одно заброшенное кладби́ще,
Пластиковые венки, обесцвеченные дождями,
Мокрые металлические ограды...
В передрассветной мути, в кафе «Любава»
Где хороший шашлык и горячий кофе
Дальнобойщики переговариваются меж собою...
Что-то, говорят, давно не было нашей,
Говорят, паршивая эта трасса,
Чуть зазеваешься и кирдык котенку,
А эта хоть как-то в тонусе держит, всё веселее.
Очень уж за рулем, говорят, одному тоскливо
Очень уж одиноко...

5.

А на девятый день она пишет в Живой Журнал:
«Зря ты не положил мне тапочки и халат
Здесь всё хорошо, но всего один терминал
Люди в очередях по нескольку дней стоят.
Ночью не сплю, клубится пар над рекой,
Едва проступают на том берегу огни…»
Он подходит к окну. Холод стоит такой
В эти зимние дни.
Видит — стена увита сухим плющом,
Ворона ругается с немолодым грачом…
Пишет она: «Не спрашивай ни о чем»,
И он давно не спрашивает ни о чем.

6.

Закопай шоколадку в снег
После разломи ее пополам
Тут, неподалеку в кирпичной стене
Есть пролом.
За проломом, на той стороне
Всё, как здесь, но прекрасней вдвойне,
Там сугробы в человеческий рост,
Там у белки распускается хвост,
Там родня сидит за столом,
Там в прихожей звонит и звонит
Черный телефон
Из материала
Со смешным названьем «эбонит»...

7.

Ревут по грудь вколоченные водяные быки
Топорщится вода под мостом
Той, что выбралась в полнолуние из темной реки,
Нетрудно распроститься с хвостом.
Она грозна, как знамя, как рязанский спецназ,
Она спала подо льдом, не закрывая глаз,
Ей резал вены рогоз,
Теперь ее можно встретить в очереди в собес,
Вниз по реке плывут огромные города,
Аир и донник царапают свои письмена
О том, что приближается большая луна,
Большая вода,
И больше уже никогда…

8.

рыхлый снег утки на пруду
огненное катится колесо
новый вечер в новом году
уже не обещает ничего
а раньше обещал всё
если посмотреть на
горизонт увидишь как встает
облаченная в солнце жена
металлическая Родина.

После потопа

1.

Вот еще один ковчег причаливает к горе Арарат,
но те, кого не берут на борт,
давно выращивают подводный сад, строят подводный дом,
они никогда не показываются из глубин,
у них на всех один телевизор — и тот «Рубин»,
и то, что рассказывают Дугин или Гордон,
они понимают с трудом.

Но водяные девочки шепотом друг дружке рассказывают, что там
на корабле, весь в белом, стоит капитан,
и видит на много саженей вглубь, и знает названья рыб,
и нет никого на свете его сильней,
и он когда-нибудь спустится прямо к ней,
и возьмет ее за руку, и они понесутся ввысь,
меж звезд морских и огней.
И станет вода молоко и мед,
и над головой распахнется небесный свод,
и все спасутся, кто еще не успел спастись.

И водяные девочки, запрокинув голову, смотрят туда,
где скользят по морской поверхности чудовищные суда,
черные авианосцы, плавучие города,
водяные девочки перепончатыми лапками машут им вслед
их прозрачные жабры омывает светящаяся вода.

2.

И когда растает последний лед,
Божий лик, как сказал поэт,
проступит из вод, где живет народ,
которому чужд свет.

Из коралловых бревен у них дома,
в палисадниках водоросли,
их прозрачные женщины сходят с ума
по тяжелым мужчинам земли.

И когда погонит Луна волну
по твердыне материка,
некто медноголовый пройдет по дну
со скрижалью в железных руках.

Рукописи найденные нигде

1.

Вот он выходит, страшный, как смертный грех,
я, говорит, первый нах.

...Я, говорит, дракула здешних мест,
меня не берет ни серебро, ни крест,
стоит мне свистнуть, каждую ночь ко мне
местные девки сами идут во сне.

С боку на бок ворочается, сопит,
вроде глаза открыты, а всё же спит,
так и идет по улице в чем была,
серая уточка, подрезанные крыла...

Все они разбредутся при свете дня,
не оступаясь, но продолжая спать,
и ни одна не вспомнит потом меня,
в шишечках никелированную кровать,
ржавый ухват, лысеющую метлу,
зеркало занавешенное в углу.

Нету в округе правильных мужиков,
наспех прижмет в сарае — и был таков.

Солнце мое незрячее, не пойму
что там в зеркале светится в глубине,
так удивленно шепчет она ему,
думая, что разговаривает во сне.

Вишни алеют в садике под горой,
так соловей поет, аж щемит в груди...
Обними меня, моя радость, глаза закрой,
подойди сюда, моя радость и не гляди.

Шарит луна по дому слепым лучом,
тело и тело сплетаются как лоза.

Не беспокойся милая ни о чем,
просто закрой глаза.

Спи, мое счастье, покуда еще темно,
солнце взойдет и кончится вся любовь,
здесь никого нету давным-давно,
только лишь мы с тобой...

Ты никогда не вспомнишь потом меня,
и не забудешь полностью никогда,
станешь ополаскиваться в сенях —
зеленоватая с тела бежит вода.

Ты улыбаешься, всё у нас хорошо,
утро нескоро, и некуда нам спешить...
только не прилепляйся ко мне душой, —
нет у тебя теперь никакой души.

2.

То не выпь в камышах стонет,
ноет мое бедное сердце.
За два года почтальонша Тоня
к нам зашла один раз — и то погреться.
Там в Москве не дома, а башни,
машины большие воют,
даже днем жить в Москве страшно,
а ночью нельзя жить вовсе.
Говорил, что вернется к лету.
По равнинам без конца и края
поезда ползут как улитки,
слюдяные следы оставляя.
Там, в Москве, не сеют, не пашут,
делают всё, что хочут,
даже днем жить в Москве страшно,
что уж говорить о ночи!
А на Рождество он приехал,
итальянские привез сапожки,
шубку из лисьего меха,
говорит, везде живут люди,
говорит, мол, город как город.
Всё сидит, не пьет, не гуляет,
белыми глазами в стол смотрит.
А надену-ка я новые сапожки,
побегу, похвастаюсь подружкам.
Жаль, у новой шубы тесный ворот,
красная полоса от него на белой шее.

3. *Мертвый сезон*

с газетой «Таймс» и в черном котелке,
возможно, с цианидом в перстеньке,
он столько лет трудился для страны,
где руль — как сердце, с левой стороны.
уже вставала Африка с колен
и дивный свет мерцал в конце пути,
в сырой ночи он целовался с Джен,
на Марсе будут яблони цвести…
но пролетая в небе над страной,
он позабыл, какой язык — родной.

он ночью встал, и подошел к окну,
не разбудив знакомую жену,
там по другую сторону стекла
фонарь тяжелым светом истекал,
дорога уходила на восток,
гудел у переезда грузовик,
гремел на переезде товарняк,
а следом шла в тулупе и платке
обходчица с фонариком в руке.
и струйка света с черного стекла
сгустилась, и к ногам его стекла.
и, обогнув на цыпочках кровать
он сел к столу и начал шифровать:

Докладываю в генеральный штаб,
что водно-кислородные миры
обречены, и всё трудней дышать,
и вот они пришли, —
захватчики,
по моим предположениям, скорее всего
                              из созвездия Лиры
и мы им не способны помешать,
я лично наблюдал их корабли.
на теле у жены — два проводка,
чуть их соединишь — она слегка

пошевелится, словно бы во сне,
ее мне подменили не вчера,
а это значит — кончена игра,
они везде.
и знают обо мне.

и он сложил исписанный листок,
надел пальто и поднял воротник,
дорога уходила на восток,
гудел у переезда грузовик,
шофер махнул веселою рукой,
потом нашел печальную волну
и радио над утренней Окой
запело про огромную страну,
и смертный бой с проклятою ордой.

4.

Б о р и с у   Х е р с о н с к о м у

Уснул в автобусе, вроде совсем немного и спал,
А как вышел — смотрит, совершенно чужой квартал,
Лужи на мостовой, подстанции, пустыри,
Лиловым мусорным светом горящие фонари,
Вдобавок кто-то за спиной неразборчиво говорит:
А ну-ка посмотрим, что у него внутри!
Его окружают, он дышит едва-едва,
Смотрит: у говорившего песия голова,
И у стоящего рядом такая же голова.
Думает, господи, куда это я попал!
Черт же меня занес.
Тут, по счастью, мимо проехал мусоровоз,
Нападающих разогнал.
Больше, думает, не буду спать в автобусе, в прошлый раз
Занесло к каким-то козлоногим, вонючим, напоили невнятной бурдой,
Еле добрался домой,
До чего довели город, сплошные трущобы, молодежные банды, сброд,
Этим, которые в креслах, наплевать на простой народ,
А я за этого мэра сам же голосовал.

5.

Аллергию свою лелея под шум прибоя,
носоглотка отекшая, белое, голубое
гистаминный удар, летучая пыль полыни
мы не станем в сторону эту глядеть отныне.
Загорелая дева приносит шашлык и пиво,
я уже не сумею двигаться так красиво,
уперевши в ребро подноса тугие перси,
где ее ложбинка, татуировка, пирсинг.
Якорей не ложить — написано здесь на пирсе.
Обними же скорее друга, рыбачка Соня,
не бойся, что синий он и опух спросонья,
слишком долго спал он на водном лоне,
погляди какой на нем полосатый тельник...
На соседнем причале поет массовик-затейник,
над тобою, море, поет он, встают как зори...
димедрол в таблетках и что-то в аэрозоле,
мы вернемся, задернем шторы, таблетки примем
и не будем в сторону эту глядеть отныне.

Нежизнь неживотных

*

вот некий куст что развернул павлиний алый хвост
что некто лепит этот воск но в человечий рост
что говорит тому кому глядящему во тьму
вот я леплю тебя леплю
вот я терплю тебя треплю
и мну и комкаю тебя
что я тебя любя
но тот кто сидя под кустом не ведая о том
он всё сидит с открытым ртом и вздутым животом
и мухи ползают по нем на стыках и в пазах
и огнь пылающий огнем цветет в пустых глазах

*

Голоса в лесу
тех кто потерялся в восьмом часу
вечера двадцать лет назад
до сих пор звучат
невзирая что их потерявший лес
двадцать лет назад сам собой исчез
что на вырубках борщевик кипрей
и не стало больших зверей
но для тех как прежде стоят стволы
с лоскутами вечерней мглы
бурелом татарник кукушкин лен
комариный звон
перекличка шорохи меж ветвей
может стоило взять левей
не о том ли поет комариный хор
что теперь здесь озеро и забор
и ленивый дачник глядит в закат
сам себе не рад
что природа пялясь в десятки глаз
ненавидит нас
и скулит царапая лапой мох
чей-то рыженький кабысдох

*

если
двигаться вдоль световых пятен
мы увидим мир который нам непонятен
но прекрасен
примерно как этот ясень
пламенеющий между зеленых сосен
этот бакен
пускающий по теченью
нити огненных бусин
чтобы скоро погаснуть
потому что близится осень
и шипит волна набегая на мелкий берег

словно соседский вася
или ваня не описать словами
как какое во тьме сиянье
источает заточка в его кармане

СОДЕРЖАНИЕ

www.ingramcontent.com/pod-product-compliance
Lightning Source LLC
Chambersburg PA
CBHW060618030426
42337CB00018B/3102